무궁화 안동

- 신의 혼, 우주의 향기, 대한민국의 생명 정신 -

무궁화 안동

- 신의 혼, 우주의 향기, 대한민국의 생명 정신 -

신창호 글

열린세상

추천사

   무궁화는 나라꽃입니다. 우리나라 대한민국의 '국화(國花)'입니다. 대한민국을 상징하는 국기(國旗)인 태극기(太極旗)가 있고, 또 우리나라를 대표하는 노래, 즉 애국가(愛國歌)가 있듯이, 무궁화는 우리나라를 상징하는 꽃입니다. 무엇보다도, 땅 위에서 생생하게 살아 있는, 겨레의 정신을 담은 꽃입니다. 그러기에 그만큼 화려합니다.
   그것은 애국가의 후렴구 "무궁화 삼천리 화려강산 대한사람 대한으로 길이 보전하세"라는 구절을 부를 때마다, 늘 태극기와 오버랩 되면서 텔레비전의 화면을 장식합니다. 역사적으로도 '근화(槿花)'를 비롯하여 다양한 이름으로 불려 왔고, 중국에서도 군자국(君子國: 우리나라)에 많이 있는 꽃으로 기록해 왔습니다. 이런 사실은 우리나라가 무궁화 정신으로 살아가는 군자들, 교양을 갖춘 인격자들이 사는 나라인 것을, 객관적으로 인정했기 때문입니다. 그런 점에서 우리는 참으로 자랑스러운 민족이 아닐 수 없습니다. 무궁화에 담긴 은근과 끈기,

불의에 저항하는 정의와 의기의 정신이 그것을 증명합니다.

특히, 100여 년 전, 국권이 침탈당하고, 일제 식민지를 겪으면서, 무궁화는 나라의 꽃으로 더욱 굳어졌습니다. 수많은 독립운동가, 항일투사들이 저항(抵抗)과 독립(獨立)의 상징으로 무궁화를 그렸습니다. 무궁화를 심고, 그 정신을 전국 방방곡곡에 스며들도록 애썼습니다. 선조들의 그런 희생과 노력 덕분에, 오늘날 대한민국이 번영을 거듭하여, 선진국 대열에 서서 당당하게 살아가는 것입니다.

참 고마운 무궁화 정신입니다. 무궁화(無窮花)라는 말 그대로 피고지고 또 피고지고, 불굴의 생명력으로 대한민국은 앞으로도 더욱 발전해 나갈 것입니다.

안동무궁화보존회 회장이 되고난 후, 얼마 지나지 않아, 신창호 교수님을 만나 이사로 모시고 싶다고 했는데, 흔쾌히 수락해 주셨습니다. 그것만으로도 고마운데, 이번에 <광복 80주년 안동무궁화 축전>을 맞이하여, 무궁화의 역사와 철학, 그리고 정신을 담은 책을 펴내며 봉사해주시니 그저 감사할 따름입니다. 무엇보다도, '무궁화 안동'을 한국의 여러 무궁화 가운데서도, 가장 순수한 토종으로 인식하고, 그에 담긴 정신을 정돈해 주시어 더욱 기쁩니다.

무궁화에 관한 여러 자료들이 많이 있지만, 신창호 교수님의 이 책은 아주 간략하게 내용을 정돈하면서도, 무궁화 정신의 대체를 알 수 있도록 꾸며 놓았기에, 의미 있는 무궁화 연구로 생각됩니다. 많은 사람들이 읽고, 민족정신과 나라사랑을 고민하며, 더욱 넓은 세상으로 나아가는데 도움이 되기를 바랍니다.

   감사합니다.

2025. 7. 안동무궁화보존회 회장

류한영

머리글

1

어릴 적, 내가 살았던 청하(淸河) 안심(安心) 마을의 산골에 무궁화 몇 그루가 있었다. 나무는 동네 곳곳의 담장 아래, 수수하게 서서, 세상을 지켜보았다. 마치 마을의 영혼을 간직한 듯. 그 무궁화나무를 중심으로, 동무들과 숨바꼭질하며 즐기던 시절이 눈에 선하다.

무궁화 꽃이 피었습니다!

술래는 고사리 같은 두 손으로 눈을 가리고, 이 10개의 글자를 또박또박 세었다. 마음이 급하여 또박또박 세지 않을 때, 숨으러 가던 아이들이 그 사실을 알았을 때, 술래의 셈 소리는 무조건 무효로 선언되었다. 때로는 눈을 제대로 가렸는지, 손가락 사이로 숨는 아이들을 곁눈질로 보고 있는 건 아닌지, 검사하는 아이를 따로 두기도 했다. 그

몇 초 사이에 동무들은 제각기 은신처를 찾아 몸을 숨겼다. 술래가 찾아내면 큰 소리로 웃고, 찾지 못하면 숨죽이며 조용히, 살금살금 다시 찾아 나섰다. 그것이 추억으로 남아 내 생의 저변을 장식하고 있다.

또 하나, 1970년대에 초등학교와 중·고등학교를 다니면서, 매일 또는 매주 목 놓아 부르며 국가와 민족의식을 불어넣던 애국가! 그 후렴구는 내 인생의 상당 부분을 파고들었다.

무궁화 삼천리 화려강산
대한사람 대한으로 길이 보전하세!

이후, 무궁화 삼천리 화려강산에 적극적으로 참여하는 인생이 되지는 못했다. 대신, 대학 때부터 우리 학문, 즉 대한의 학문, '한국학'에 대한 관심은 그 어떤 것보다 컸다. 그것이 지속적인 연구로 이어져, 내 인생의 대사업이 되었다.

'무궁화 화려강산'과 '대한사람 보전', 그것은 이제 그리움으로만 남아 있었다.

2

안동 시우실로 거처를 옮긴지 벌써 3년째다. 그 동안 집과 밭을 정리하느라 정신이 없었다. 그런 와중에 올해 봄, 우연히 안동무궁화보존회 회장이신 류한영 대표와 얘기를 나눌 기회가 있었다. 그 자리에서 무궁화 얘기가 나왔다. 내 오랜 그리움의 한 가닥이 뇌리를 스쳤다. 환갑이 넘은 이 시기에, 어린 시절의 추억으로 회귀하는 건가! 잠깐의 사색이 필요했다.

약간의 시간이 흐르고, 안동무궁화보존회 이사회의 승인을 받아, 무궁화보존회 이사로 합류했다. 아직도 지역의 문화나 특성을 제대로 파악하지 못한 것이 많다. 특히, 무궁화보존회의 활동도 잘 모르는 상황이라, 서너 번의 이사회에 참여하면서, 여러 가지를 배우려고 했다. 보존회 발전과 이 사회를 위해, 무엇을 어떻게 기여할까?

결정을 내렸다. '그래! 내가 할 수 있는 일은, 내가 평생 종사해 온 학술이론이나 교육연구와 연관되거나 그와 유사한 방식으로 접근하는 것이 합리적이다! 무궁화에 대한 간략한 조사 연구를 해보자!'

마침, 8월 8일이 무궁화의 날이다. 더구나 올해는 광복 80주년을 기념하는, <2025 안동무궁화 축전>을 안동시의 후원으로 안동무궁화보존회가 주최한다. 부끄럽지만 그것에 기여하려는 작은 봉사가 이 조그만 책이다.

3

이 책의 내용은 불모지에서 연구한 것이 전혀 아니다. <참고문헌>에서 밝혀 놓았지만, 이미 무궁화에 관한 다양한 형태의 연구 자료가 많이 존재한다. 『무궁화대전』을 비롯하여 사진자료인 <화보백과>, <노거수조사자료>, <각종 홍보자료>, <무궁화 관련 학술 정책 보고서>, 인터넷 사이트의 소개 글 등, 엄청난 분량의 무궁화 관련 자료가 있다. 어쩌면 이 조그마한 책자는, 그런 자료들의 아주 일부를, 나름대로 체계를 갖추어 정리해 놓은 것일 뿐이다. 정돈을 하다 보니, 하나하나의 출처를 모두 밝히기 어려운 점이 꽤 있었다. 사진 자료는 류한영 회장이 보내준 것과 몇몇 화보집에 있는 것을 재편집했다. 이 자리를 빌려, 자료 확인에 도움을 준 모든 선학들에게 감사의 마음을 전한다.

수많은 무궁화 자료 가운데, <무궁화 '안동'> 또는 '애기무궁화'라고 불리는 이 조그만 무궁화! 그 '희귀성'과 순수 '토종'의 가능성에 시선이 쏠렸다. <무궁화 안동>의 꽃모양을 보는 순간, 전율이 느껴졌다. 일반 무궁화와 완전히 다른 차원의 새로운 발견이었다. 더구나 이를 보존하려는 모임에서 이사까지 맡았으니, 간략하게나마, 그 가치를 다시 확인하며, 그 존재를 자리매김하고 싶었다.

단순히, 꽃의 아름다움이나 무궁화의 모양을 정돈하는 작업은 가능한 한 배제했다. 여러 자료를 검토하고, 역사성과 철학성을 가미하여 풀이하며, 우리나라 꽃 무궁화의 정신을 다시 조명하며 확인했다. 그것에서 확인한 정신을 세 가지로 정리하여, 간략하게 책의 부제로 삼았다.

신의 혼! 우주의 향기! 대한민국의 생명 정신!

다시, 일일이 거명하지는 않았지만, 먼저 연구하여 기록으로 남겨주신 모든 선학들에게 감사한다. 무궁화의 영원과 끈기, 은근함과 불굴의 정신, 일편단심, 충정과 의기 등, 그 생명정신을 간직하려고 노력

하신, 그 분들의 나라사랑이 오늘의 대한민국을 가꾸었다.

4

또 고마움을 전할 분들이 있다.

무궁화, 특히 '무궁화 안동'에 관심을 가질 기회를 주신 류한영 회장님, 아울러 안동무궁화보존회의 이사님들과 회원님들!

모두가 '무궁화 안동'을 아끼며, 다양한 측면에서 사회 발전에 기여하려는 모습이 훈훈했다. 그런 봉사와 협동심이, 항일투쟁을 하며 독립운동을 하던 선각들의 삶이었다. 다름 아닌 무궁화 정신! 그것이 이렇게 오늘날에도 이어지고 있는 것이리라!

그리고 이 책의 표제(標題)를 써 주신 백봉(白峯) 이두식 선생께도 감사한다. 백봉 선생은 퇴계 선생의 15대 직계 손으로, 안동 하회마을에서 서당을 운영하며 봉사하고 있다. 한국서가협회에서 중책을 맡았고, 현재도 서예 분야에서 다양하게 활동 중이다. 제자(題字)를 부탁하기 직전, 보내주신 글이 무궁화 정신과 중첩되어, 가슴에 파고든다.

전사불망(前事不忘), 후사지사(後事之師)!
잘못된 지난 일을 잊지 않음은, 다음 일 잘하기 위한 스승이다!

5

글을 마무리 할 때 쯤, 약간의 감동이 몸으로 녹아들었다. 아! 무궁화! 정리의 끝자락에서, 시 아닌 시 하나를 읊어봤다.

무궁화!
당신이 이 좁은 한반도 대지에 뿌리를 내릴 때,
그대는 대한민국의 생명(生命)을 잉태하셨습니다.

무궁화!
당신이 저 넓은 오대양 육대주에 줄기를 뻗을 때,
그대는 우주자연의 향기(香氣)를 뿜어내셨습니다.

무궁화!
당신이 그 높은 파란 창공에 단심(丹心)의 꽃을 피울 때,
그대는 신의 혼(魂)불을 온 가슴에 담으셨습니다.

아! 무궁화여!
당신의 뜻 그대로
나와 너, 우리, 모두에게 생명의 의기(義氣)를 불어 넣으소서!

2025. 7. 대서(大暑). 시우실 망천서재에서
신창호

차례

추천사 • 5
머리글 • 8

1부 무궁화, 샤론의 꽃
무궁화(無窮花), 샤론의 장미(Rose of Sharon)! • 19
'무궁(無窮)'의 꽃, 무궁화! • 23

2부 무궁화를 노래에 담다, 현대의 생명 정신
이름 없는 애국가, 노래를 감싸 안은 무궁화! • 27
대한의 무궁화, 화려강산! • 30
영원에서 제일 질긴, 끝까지 떨어지지 말고! • 35
탐스럽고 청초한 백의, 겨레의 꽃! • 38
고마운 나라꽃이여, 영원하라! • 39
민주·자주·균등·평화의 희망, 불멸의 넋! • 41
겨레의 새벽, 곧은 절개, 새로운 내일! • 43
끊임없이 피는 장수화(長壽花), 훈화초(薰華草)! • 45
천만년 무궁화 빛, 향기 가득한 화려 강산! • 48
나의 마음, 나의 품, 나의 넋, 무궁화를 심으려고! • 50

3부 무궁화를 노래에 담다, 전통의 넋
하나의 꽃향기, 옳고 그름의 분별! • 53
흐드러지게 핀 무궁화, 신선으로 가는 길! • 55
훌륭한 사람, 무궁화 같은 얼굴! • 58
집집마다 무궁화 울타리! • 60
'무궁(無窮)'과 '무궁(無宮)'의 한 판 개그(gag)! • 62

4부 역사 속의 무궁화

『산해경』, 고대 중국에서 일러주는 군자 나라의 꽃! • 69
공식 문서에서의 자부심 근화향, 그 청렴과 겸손! • 72
한글 '무궁화라'는 말의 탄생, 목근화(木槿花)! • 74
무궁화라는 말의 보편화, 우리나라 꽃의 증명! • 76
무궁화의 재미난 표현들, 무관화(舞官花) 무궁화(舞宮花)! • 78
실용의 과학, 무궁화의 생명력! • 82
임금이 내려주는 꽃, 어사화(御賜花)! • 85
울타리를 장식한 꽃, 번리초(藩籬草)! • 87

5부 무궁화 '안동'

'애기무궁화', 신기한 새로운 품종, '안동'의 탄생! • 93
향교 뜰에 심어진 역사, 선비정신! • 96
조선 민족정신의 산실, 무궁화! • 98
한서 남궁 억의 구국 의지, 무궁화 교육! • 101
예안향교, 희귀토종 애기무궁화! • 107
안동 선비의 저항, 3.1운동 전후의 구국 투쟁! • 109
병산서원 입교당, 그 뜰에서 퍼지는 충정의 향기! • 111
3.1운동의 함성, 한 가운데로 들어간 무궁화! • 116
비 한 방울 없는 하늘, 그 아래에서 피어나는 꽃! • 118
참 예쁘고 고운, 우리나라 꽃! • 120

참고자료 • 125

1부
무궁화, 샤론의 꽃

 # 무궁화(無窮花), 샤론의 장미(Rose of Sharon)!

해석에 따라 다양하게 표현되지만, 그것은 세상에서 가장 아름다운, '사랑의 꽃'이다.

나는 샤론의 장미
산골짜기에 핀 백합이랍니다.
아가씨들 가운데 계시는 그대
내 사랑은 가시덤불 속에 핀 백합이랍니다.

사나이들 가운데 서 계시는 그대
내 님은 잡목 속에 솟은 사과나무
그 그늘 아래 뒹굴며 달디 단 열매를 맛보고 싶습니다.
사랑의 눈짓에 끌려 파티 장에 들어와
사랑에 지친 이 몸
힘을 내고 기운을 내라고
건포도와 사과를 입에 넣어 주십니다.
왼팔을 배게 하시고, 오른팔로 이 몸을 안아 주십니다.
  -『구약성서』「아사서」 2장

샤론의 장미! 무궁화여!

『성서』에서 샤론은 성(聖)스러운 땅이고, 장미는 꽃을 대표한다. 그러므로 '샤론의 장미'는 '성스러운 땅에서 피어나는 꽃' 또는 성스러운 땅의 주인 품에 안기는, 즉 '신에게 바치고 싶은 꽃'이다. 이 꽃은 기독교 신학에서는 '예수(ישׁוע: Jesus Christus)'를 상징한다. 그만큼 가장 좋은 꽃을 가리키는 언표이다.

그러기에 샤론의 장미는 가장 예쁘고, 아름답고, 멋지고, 향기롭고, 생동감 있는, 좋은 꽃이다. 신의 혼을 품은……. 무궁화다.

무궁화의 학명(學名) 가운데 '히비스커스(Hibiscus)'라는 말이 있다. '히비스(Hibis)'는 이집트의 '아름다운 여신'이고, '커스(cus)'는 '닮다'는 뜻이다. 그러므로 무궁화는 '아름다운 신을 닮은 꽃'이 된다.

우리나라 꽃, 무궁화(無窮花: Hibiscus syriacus)! 그것은 신의 혼을 담고, 우주 속에 피어난다. 인간 사회에 향기를 뿜어낸다. 자연과 인생의 여정 가운데, 모든 우환(憂患)을 덜어내려는 치유(治癒)의 전령이다. 그런 뜻을 미리 담고 있었던 것일까? 고대 그리스어로는 알데아(Althaea), 즉 '치유의 꽃'이라고 한다.

'무궁(無窮)'의 꽃, 무궁화!

 무궁(無窮)은, 문자 그대로 이해하면, '끝이 없음'을 뜻한다. 거기에 '꽃'을 의미하는 화(花)가 '오메가(Ω)' 역할을 한다. 끝이 없는 꽃이라! 왜? 언제, 어디서, 무엇이, 어떻게, 끝이 없을까?

 갑골문(甲骨文)에 의하면, 무(無)는 '두 팔에 깃털을 들고 춤추는 사람'의 모습을 하고 있다. 이는 고대 사회에 제사장(祭司長)이 춤을 추는 모양이다. 제사장은 제정일치시대의 최고 지도자였다. 그러므로 '무(無)'는 본래 지도자가 '춤추다'라는 말인 '무(舞)'와 같은 뜻이었는데, 나중에 '없다'라는 의미로 쓰이게 되었다. '궁(窮)'은 '다하

1부 무궁화, 샤론의 꽃

다' '가난하고 어렵다' '끝에 도달하다'라는 뜻을 가진 글자이다. 집 면(宀)자 아래에 사람 인(人)자가 있고, 그 아래에 또 등뼈 려(呂)자가 결합한 형태이다. 얼마나 가난했으면, 집에 뼈가 앙상한 사람이 있다는 뜻을 표현했겠는가!

그러나 '무궁(無窮)'은 '화(花)'와 화해하면서, 벼랑에 이른 삶을 털어내고, 가장 아름다운 꽃으로 승화한다. 피고 지고, 피고 지고, 다시 피고 지고……. 그렇게 서너 달의 시공간에 향기를 뿜어내고, 화려함을 수놓는다. 그것도 100일 이상, 한 해의 1/3을 자신의 생명력으로 세상을 아우른다.

2부
무궁화를 노래에 담다, 현대의 생명 정신

이름 없는 애국가, 노래를 감싸 안은 무궁화!

애국가

1. 동해물과 백두산이 마르고 닳도록
하느님이 보우하사 우리나라 만세
무궁화 삼천리 화려 강산
대한 사람 대한으로 길이 보전하세

2. 남산 위에 저 소나무 철갑을 두른 듯
바람 서리 불변함은 우리 기상일세
무궁화 삼천리 화려 강산
대한 사람 대한으로 길이 보전하세

3. 가을 하늘 공활한데 높고 구름 없이
밝은 달은 우리 가슴 일편단심일세
무궁화 삼천리 화려 강산
대한 사람 대한으로 길이 보전하세

4. 이 기상과 이 맘으로 충성을 다하여
괴로우나 즐거우나 나라 사랑하세
무궁화 삼천리 화려 강산
대한 사람 대한으로 길이 보전하세

대한민국 국민이라면, 대부분이 알고 있는 애국가(愛國歌)! 나라를 사랑하는 노래! 그런데 그 노래에는 별도의 이름이 없다. 그냥 '애국가', 또는 '국가'이다. 나라를 사랑하는 노래, 또는 나라의 노래!

그런데 누가 지었을까? 정확하지는 않다. 하지만, 현재 우리가 부르고 있는 애국가는, 100여 년 전, 외세의 침략으로 위기에 처해있던 시기, 나라를 사랑하는 마음과 민족의 자주의식, 불굴의 정신과 끈기, 희망을 담기 위해 만들어진 것으로 추측된다.

홍사단을 중심으로, 작사자가 누구인지 찾으려고 노력하면서, 도산 안창호 선생이 지은 것으로 추정하기도 한다. 그러나 도산 선생은 애국가의 작사자가 자신이라고 주장하지는 않았다. 오히려, "애국가는 한 사람이 지은 가사 속에 가두어 둘 것이 아니다. 많은 사람이 참여하여 가사를 개방하고 애국 민요로 정착시켜 나갈 수 있으면 좋겠다."라고 했다. '집단지성'처럼, 특정한 사람이 아니라 수많은 민중(民衆)이 함께 작사하여 부르는 애국가!

그것을 온통 감싸 안고 있는 꽃, 그것이 무궁화다!

대한의 무궁화, 화려강산!

애국가의 참 의미는 무엇일까? 애국가는 전체 4절이다. 도산 안창호 선생의 의미부여에 의하면, 각각의 절은 '봄-여름-가을-겨울'의 사계절을 의미한다. 사계절은 1년이고, 그것은 '천체와 우주자연의 시간과 공간'을 뜻한다. 우주자연을 주관하는 존재가 '하느님'이다.

1절   동해물과 백두산이 마르고 닳도록
        하느님이 보우하사 우리나라 만세

애국가의 1절은 봄이다. 봄은 만물이 생동하는 시기이다. 동해에서 떠오르는 태양처럼, 한반도에서 대한(大韓)이 탄생한 것을 상징한다. 하느님이 해 뜨는 동쪽 반도의 대한민국을 보살피고 도와주어, 영원히 번영할 수 있도록 배려해 주었다. 그러기에 1절의 주제는, '대한의 탄생과 하느님의 보살핌', 그리고 '영원의 기약'이다.

2절   남산 위에 저 소나무 철갑을 두른 듯
        바람 서리 불변함은 우리 기상일세

애국가의 2절은 여름이다. 여름은 성장의 계절이다. 남산 위에 저

소나무! 남산이 무엇인가? 남산은 작지만 겸손해 보인다. 빽빽하게 둘러싼 푸른 소나무는 서로 돕고 사랑하는 협동심을 드러낸다. 나무들 사이로 들려오는 바람 소리, 밤새 쌓인 서리가 물방울로 맺혀갈 때, 햇살에 찬연히 빛나는, 그 모습이 바로 우리 민족의 기상이다. 아름다움이다. 그러기에 2절의 주제는 '민족의 기상'이다.

3절   가을 하늘 공활한데 높고 구름 없이
　　　밝은 달은 우리 가슴 일편단심 일세

애국가의 3절은 가을이다. 1절의 동해물과 백두산, 2절의 남산, 그것은 넓은 바다와 크고 작은 산이 줄기차게 중첩곡(重疊谷)을 이루며, 금수강산을 만들었다. 그 강산의 가을 하늘은 드높고 파랗다. 밤에는 휘영청 밝은 달이 삼천리강산을 비춘다. 그 모습이 일편단심이다. 일편단심을 화두 삼아, 3절의 주제는 '절개'와 '충정'이다.

4절   이 기상과 이 마음으로 충성을 다하여
　　　괴로우나 즐거우나 나라 사랑하세

애국가의 4절은 겨울이다. 1절의 영원과 2절의 기상, 그리고 3절의 일편단심을 바탕으로, 4절에서는 괴로우나 즐거우나 나라 사랑의 충성을 다짐한다. 그러기에 4절의 주제는 '충성'과 '나라 사랑'이다.

마지막으로 1~4절 모두를 감싸는 후렴이다. 4절까지 부를 때, 4번이나 반복하는 후렴구!

무궁화 삼천리 화려강산
대한 사람 대한으로 길이 보전하세!

이 모든 구절을 감싸고 있는 상징이 무엇인가? 다름 아닌 '무궁화'다! 그렇다면, 우리나라 애국가의 이름을 '무궁화'라 해도 과언이 아니다. 그 무궁화로 삼천리강산을 화려하게 수놓고, 이 땅에 살아가는 대한 사람을 영원히 온전하게 보호하여 지속해 나가려는 불굴의 의지! 그것은 무궁화 정신 그 자체이다.

1세기가 넘는 시간을, 전 국민이 부르는 최고의 노래! 슬플 때나 기쁠 때나 겨레와 함께 한 애국가! 독립투쟁의 선봉에서 나라사랑 실천의 표상! 바로 무궁화다!

영원에서 제일 질긴, 끝까지 떨어지지 말고!

무궁화 같은 내 아이야

- 서정주

손금 보니

너나 내나 서리 발에 기러깃 길

갈 길 멀었다만

창피하게 춥다 하랴

아이야.

춥거든

아버지 옥양목 두루마기 겨드랑 밑

들어도 서고

이 천역 살 다 풀릴 날까지

밤길이건 낮 길이건 걸어가 보자.

보아라,

얼어붙는 겨울날에도

바다는 물을 뚫고 들어와서

손바닥의 잔금같이

이 나그네의 다리 밑까지 밀려도 드는구나.

아이야.
꿈에서 만났거든
깨어 해어도 지면서,
꿈에서 헤어졌건
생시에 다시 만나기도 하면서,
아이야.
하늘과 땅이 너를 골라
영원에서 제일 질긴 놈이 되라고 내 세운 내 아이야.
무궁화 같은 내 아이야.
너를 믿는다.
끝까지 떨어지지 말고 걸어가 보자.

탐스럽고 청초한 백의, 겨레의 꽃!

백근화(白槿花)

- 이병기

홀로 우뚝 솟아 피어나는 백근화(白槿花)
백련(白蓮)도 새울 만큼 탐스럽고 청초하다
진실로 백의(白衣)의 나라 이 겨레의 꽃 아닌가

고마운 나라꽃이여, 영원하라!

무궁화

− 천상병

나의 처갓집은
우리 집 가까이 있는데
무궁화가 해마다 곱게 핍니다.
무궁화는 우리들 나라꽃입니다.
그 나라꽃을
해마다 바로 옆에서 즐길 수 있다니
그저 고맙고도 고마운 일입니다.
그것도 다섯 송이나 사랑할 수 있다니
장모님과 처남에게 따뜻한 정을 더우나 느끼게 됩니다.
나라꽃이여 나라꽃이여 영원하여라.

민주·자주·균등·평화의 희망, 불멸의 넋!

무궁화

                                        - 박두진

빛의 나라 아침 햇살 꽃으로 핀다.
머나먼 겨레 얼의 굽이쳐 온 정기,
밝아라 그 안의 빛살
은은하고 우아한,
하늘 땅이 이 강산에 꽃으로 핀다.
초록 바다 아침 파도 물보라에 젖는다.
동해, 서해, 남해 설렘
오대양에 뻗치는 겨레,
우리 넋의 파도 끓는 뜨거움,
바다여 그 겨레 마음 꽃으로 핀다.

무궁화, 무궁화,
낮의 해와 밤의 달

빛의 나라 꿈의 나라 별의 나라 영원한 겨레
우리 꿈의 성좌 끝없는 황홀,
타는 안에 불멸의 넋 꽃으로 핀다.

그 해와 달
별을 걸어 맹세하는 우리들의 사랑,
목숨보다 더 값진 우리들의 자유,
민주, 자주, 균등, 평화의 겨레 인류 꿈,
꽃이여 불멸의 넋 죽지 않는다.

무궁화 안동

겨레의 새벽, 곧은 절개, 새로운 내일!

무궁화

― 구상

겨레의 새벽부터
이 땅에 수놓은 꽃

겨레와 그 모진 고난을
함께 견뎌 온 꽃

이 땅을 지켜 온
곧은 절개들의
넋이 서린 꽃

이 땅 겨레에게
오늘의 소중함과 덧없음과
끊임없는 새로운 내일을

일깨워 주는 꽃

나라꽃, 무궁화!

끊임없이 피는 장수화(長壽花), 훈화초(薰華草)!

무궁화

- 어느 독립투사의 아내

5천만의 빛이요 겨레의 상징,
5대양 6대주를 주름잡는 너
떨치는 나라의 위엄 펄럭이는 태극기
건곤팔괘기(乾坤八卦旗)와 함께하는
너 국화(國花)야,
무진(無盡)·무궁(無窮)
성무(盛茂)·영원(永遠)·유구(悠久)
그대는 나라꽃 민족의 혼이어라
자갈이 작은 돌, 큰 바위 되어
푸른 이끼 끼우도록
무궁한 이 민족은 뻗어 가노라.
겨레가 모두 아침 이슬 머금고
수줍은 듯 웃는 너 겨레의 꽃.

자주 빛·보라 빛·흰 빛,
짙은 향기 뿜는 그 내음은
겨레의 사랑,

끊임없이 이어 피는 꽃 장수화(長壽花),

너는 무궁화

너와같이 무궁 번영하며 뻗어 가노라,

조국은 온 세상으로

민족을 전진시켜 가노라.

그대와 같이 되찾을 동산(東山)에

피어질 목근(木槿)아. 어서가자.

동쪽 부여성(扶餘城)을 둘러치고

태극기 휘날리니…….

요동 땅 기름진 들 천리의 뜰 가에

피어줄 근화(槿花)야

선녀의 품격(品格)

군자국(君子國)의 유훈화초(有薰華草)

되찾은 동부여로 달리노라.

아무르 강 밑까지 무궁화야 피어라.

천만년 무궁화 빛, 향기 가득한 화려 강산!

근화사(槿花詞) 삼첩(三疊)

- 정인보

신시(神市)로 내린 우로(雨露), 꽃 접진들 없을 소냐?
왕검성 첫 봄빛에, 피라시니 무궁화를
지금도 너 곧 대하면, 그제런듯 하여라.

저 뫼는 높고 높고, 저 가람은 예고 예고
피고 또 피오시니, 번으로써 에오리까?
천만년 무궁화 빛을, 길이 뵐까 하노라.

담우숙 유한하나, 모여 핀 양 의초롭다
태평연월이 듬두렷이 돌아올 제
옛 향기 일시에 피니, 강산 화려 하여라.

2부 무궁화를 노래에 담다, 현대의 생명 정신

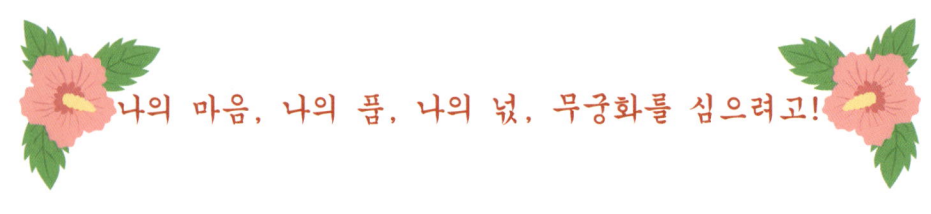

나의 마음, 나의 품, 나의 넋, 무궁화를 심으려고!

무궁화를 심고자

- 한용운

달아달아 밝은 달아 옛 나라에 비춘 달아
쇠창을 넘어와서 나의 마음 비춘 달아
계수나무 베어내고 무궁화를 심고자

달아달아 밝은 달아 님의 거울 비춘 달아
쇠창을 넘어와서 나의 품에 안긴 달아
이질어짐 있을 때에 사랑으로 도우고저

달아달아 밝은 달아 가엾이 비춘 달아
쇠창을 넘어와서 나의 넋을 쏘는 달아
구름 재를 넘어가서 너의 빛을 따르고저
무궁화를 노래에 담다, 전통의 넋

3부
무궁화를 노래에 담다, 전통의 넋

하나의 꽃향기, 옳고 그름의 분별!

무궁화

― 윤선도

오늘 핀 꽃은 내일까지 빛나지 않는다네
한 꽃으로 두 아침의 향기로움이 부끄럽기 때문이지
날마다 빙빙 도는 해님을 따라 고개 숙이기만 한다면
누가 세상의 옳고 그름을 분별할 수 있겠는가!

목근(木槿)

- 윤선도(尹善道)

갑일화무을일휘(甲日花無乙日輝),
일화수향양조휘(一花羞香兩朝暉).
규경일일여빙도(葵傾日日如馮道),
수변천추사시비(誰辨千秋似是非)!

흐드러지게 핀 무궁화, 신선으로 가는 길!

친구를 그리며

- 최충(崔冲)

물가 정자 난간의 시원한 바람도 맞이할 수가 없네
책 속에 파묻혀 세월을 흘러 보내고 있으니!

붉은 앵두와 자주 빛 죽순이 막 제철을 지나고 있는데
갓 핀 무궁화와 터지는 붉은 석류가 곱기도 하다.
병약한 몸 지친 마음에 친구와 한 잔 나누는 일도 꺼려 지네
성질이 그저 꾀꼬리 소리나 들으며 낮잠이나 즐기니!
젊고 건강했던 좋은 시절 다시 오기 어렵겠지
막 피어난 무궁화 꽃에 취해 신선이나 되어 볼까나!

시좌객(示坐客)

- 최충

수각풍령고견초(水閣風櫺苦見招),
박서총리도류년(薄書叢裏度流年)!
주앵자순시장과(朱櫻紫笋時將過),
홍근단류태역연(紅槿丹榴態亦姸).
병구각혐요객음(病久却嫌邀客飲),
성용편희청앵면(性慵偏喜聽鶯眠)!
양진건일종난재(良辰健日終難再),
급진화개작취선(急趁花開作醉仙)!

3부 무궁화를 노래에 담다, 전통의 넋

훌륭한 사람, 무궁화 같은 얼굴!

미망인을 위하여

- 유몽인(柳夢寅)

청상과부 어느덧 일흔 살 할머니가 되었고,
그 긴 세월 홀로 안방 지키며 살아 왔네.
이름난 작가의 시도 틈틈이 읽었고,
덕망 있는 분들의 가르침도 몸에 익혔네.
곁에 있는 사람들이 다시 결혼하라 권하고,
훌륭한 사람 있어 얼굴이 무궁화 같다네.
흰 머리 주름살에 젊은 자태 지으려니,
분가루 향수 모두 나를 부끄럽게 만드네.

상부(孀婦)

- 유몽인

칠십노상부(七十老孀婦), 단거수공호(單居守空壺).
관독녀사시(慣讀女史詩), 파지임사훈(頗知妊似訓).
방인권지가(傍人勸之嫁), 선남안여근(善男顏如槿).
백수작춘용(白首作春容), 영불괴지분(寧不愧脂粉).

3부 무궁화를 노래에 담다, 전통의 넋

 **집집마다 무궁화 울타리!**

높디높은 산

- 이제현

강가에 솟은 산은 미인의 눈썹 같고,
마을 집집마다 무궁화 꽃 울타리라네!
배 멈추고 소나무 숲 속 절을 찾는데,
대나무 숲 아래 연못이 눈에 뜨이네.
석양 무렵 돛단배들 줄이어 돌아오고,
동틀 무렵 은은한 종소리에 흰 구름 흘러가네.
정자에 앉아 멀리 삼오(三吳) 지방 바라보니,
장군이 그곳에 주둔하던 일 새삼 생각나네.

고고산(高高山)

- 이제현(李齊賢)

강상산여담소미(江上山如淡掃眉),
인가처처근화리(人家處處槿花離)!
정주욕문송간사(停舟欲問松間寺),
책장선규죽하지(策杖先窺竹下池).
범영모연방초원(帆影暮連芳草遠),
종성효출백운지(鍾聲曉出白雲遲).
빙란일망삼오소(憑欄一望三吳小),
상상장군입마시(像想將軍立馬時).

'무궁(無窮)'과 '무궁(無宮)'의 한 판 개그(gag)!

'무궁화'의 명칭과 관련하여 재미난 이야기가 있다. 어느 날 두 친구가 '무궁화'라는 이름을 앞에 두고, 열띤 진실 공방을 벌였다.

한 사람은 이런 의견을 내놓았다.

"이 꽃은 말이야, 피었다 지고 또 피었다 지기를 반복하며, 무궁무진하게 피어나! 그래서 한자로 '무궁화(無窮花)'라고 해! 그래야 문자적으로 정확해! 좀 지적으로 접근해야 돼!"

다른 한 사람은 그와 달리 다음과 같은 의견으로 받아쳤다.

"그게 아니야, 이 친구야! 좀 똑바로 알고 말해! 옛날에 어떤 왕이 이 꽃을 너무나 좋아했어! 그러다 보니, 어떤 집보다도 화려하고 아름답게 꾸민 왕후의 궁전(宮殿)마저도, 그 꽃 앞에서는 빛을 잃고 말았어! 그 정도로 왕이 사랑했던 꽃이 빛나고 예뻤단 말이야! 말하자면, 왕후의 궁전보다도 훨씬 아름다웠다는 거지! 그렇기 때문에, 이 꽃의 이름은 무궁화(無窮花)가 아니라, '궁이 없다'는 뜻의 무궁화(無宮花)가 맞아! 이게 지성을 갖춘 해석이지!"

하지만, 두 친구는 '무궁(無窮)'과 '무궁(無宮)'을 사이에 두고, 서로 한 치의 양보도 하지 않고, 자기주장이 옳다고 고집을 부렸다고 한다. 이 개그 같은 논쟁을 보고, 고려 시대의 문장가인 이규보가 그들을 해학적으로 묘사하며, 다음과 같은 글을 썼다.

무궁화

- 이규보

무궁화의 두 이름, 무궁(無窮)과 무궁(無宮)!
그것은 두 친구의 대화로부터 시작되었다.
두 친구는 타고난 천성들이 옹고집이라,
서로 제 말만 옳다고 목소리를 높였다.

내 한번 그 고집을 꺾으려 용기 내어 본다.

두 친구가 꼼짝달싹 못하도록, 내가 이겨 보려고 한다!

일찍이 내가 들은 옛 사람의 말에,

재미난 것이 있다.

예컨대, '익살스러울 구(韭)'를 그 획수에 맞추고 같은 소리라고 하여,

'아홉 구(九)'라고 한 것과 같은 말이다.

그대들이 떠들어대는 무궁에서 궁(宮)이나 궁(窮)이 조금 익살스럽다.

처음, 누구의 입에서 그렇게 불렸건 간에 말이다.

나도 내 고집대로 해서 독단으로 나가 보련다.

술을 앞에 두고, 이술 저술 해봐야 결국은 술이지 않은가!

무궁화의 화려함은 참으로 한 때여서,

하루를 제대로 넘기지 못하는 반짝하는 영화 아닌가!

덧없는 인생을 꺼리는 나약한 인간의 감정에서,

시들어 떨어진 꽃을 보기가 차마 역겹지 않은가!

그 꽃 이름을 무궁(無窮)이라고 억지로 붙여본 들,

온 세상에 어찌 무궁(無窮)이 있겠는가!

옹고집인 두 친구야! 내 말을 듣고 나면,

어이가 없어 모두 입을 다물 것이다.

내 말은 진실로 허튼 소리가 아니다.

묻건대, 지금도 기어이 아니라 하겠는가!
왕조가 여러 차례 바뀌어 세월이 흘러가도,
내 말이 옳다고 할 것인데.

근화 무궁(槿花 無窮)

- 이규보(李奎報)

근화지이명(槿花之二名), 발자오이우(發自吾二友).
체일각불이(滯一各不移), 약상좌상우(若尙左尙右).
아장시신용(我將試新勇), 양적파일수(兩敵破一手)!
상문고지인(嘗聞古之人), 희구이위구(戲韭以爲九).
궁궁역사희(宮窮亦似戲), 초전자수구(初傳自誰口).
여독립가단(予獨立可斷), 여변순리주(如辨醇㷊酒)!
차화편시영(此花片時榮), 상흠일일구(尙欠一日久)!
인혐사부생(人嫌似浮生), 불인견락후(不忍見落後)!
반이무궁빙(反以無窮名), 상가무궁유(倘可無窮有).
이자문지경(二子聞之驚), 합문여폐유(闔吻如閉牖).
아설성유빙(我說誠有憑), 문군긍지부(問君肯之否).
여장이제조(如將移諸朝), 역가언각수(亦可言刻首).

4부
역사 속의 무궁화

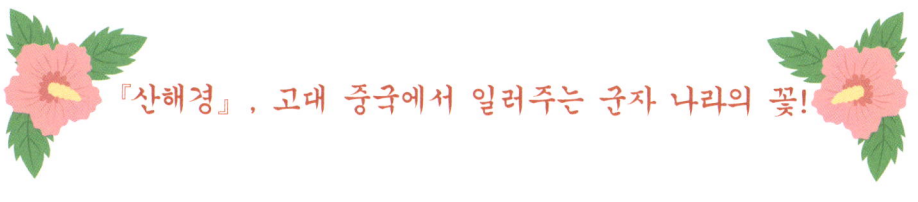

『산해경』, 고대 중국에서 일러주는 군자 나라의 꽃!

　무궁화에 관한 역사는 다양한 문헌에 등장한다. 그 가운데 우리나라 무궁화에 관한 인상 깊은 언급이 『산해경(山海經)』이라는 고전에 담겨 있다. 『산해경』은 지금부터 4200여 년 전, 중국 고대의 '우(禹)' 임금이 지었다고 전한다. 신화·사회·역사·지리·민속·종교 등 여러 분야에 대해 재미있게 기록한 저술이다. 당시 우리나라는 단군 조선 시대에 해당한다.

　이런 『산해경』「해외동경(海外東經)」에 우리 민족의 무궁화에 관한 귀중한 대목이 들어 있다.

군자의 나라가 북방에 있다! 그들은 옷차림을 단정히 하고, 칼을 차고 있으며, 짐승을 잡아먹고, 두 마리의 호랑이를 곁에 두고 부린다. 사람들이 양보하기를 좋아하고, 다투기를 싫어한다. 그 땅에는 훈화초가 많은데, 아침에 피고 저녁에 시든다!
군자국(君子國), 재기북(在其北)! 의관대검(衣冠帶劍), 식수(食獸), 사이대호재방(使二大虎在旁). 기인호양부쟁(其人好讓不爭). 유훈화초조생석사(有薰華草朝生夕死)! - 『山海經』 「海外東經)」

군자(君子)가 무엇이던가? 영어로는 '젠틀맨(gentleman)'으로 번역한다. 이른 바 '신사(紳士)'다. 행실이 점잖고 어질며 덕망과 학식이 높은 사람! 그런 인격자들, 즉 풍부한 교양을 갖추고 사람다운 사람이 살았던 곳, 그 나라가 과거 우리 선조들이 가꾸었던 우리나라였다. 그 나라는 중국도 부러워할 만큼, 수준 높은 인간사회를 구가하던 나라였다. 바로 군자국(君子國), 우리나라!

그 군자의 나라에 한 꽃이 있었다. 조생석사(朝生夕死)! 아침에 피고 저녁에 시들고, 다음날 다시, 또 다시 피고 지는 '훈화초(薰華草)'! 그것이 우리 겨레의 무궁화이다. 훈화초에서 '훈(薰)'은 향기(香氣) 나는 초목과 작열(灼熱)하는 꽃잎을 상징한다. 따라서 무궁화는 담담하면서도 은은한 향기에 꽃의 빛깔이 화려하기 그지없는 모습으로 세상에 드러난다.

　어떤 꽃처럼 간사스럽도록 요염한 자태가 아니다. 품위를 갖추고 의젓한 격조를 잃지 않는다. 안으로 품은 아름다움을 겉으로 아무렇게나 펼치지 않고, 오히려 조용하게 안으로 머금는 '군자의 꽃'이다. 『산해경』의 기록으로 추측해 볼 때, 고대 중국인들도 우리 민족을 이렇게 표현했다. '무궁화 가득한 나라!' '사람다운 사람들이 살고 있는 나라!' '끈기와 불굴의 정신, 그리고 희망의 나라!'

　그러기에 세계의 성인(聖人)으로 추앙받고 있는 공자(孔子)도 변방에 치우쳐 있기는 했지만, 그 아홉 나라인 구이(九夷)에 가서 살고 싶어 했다. 이유는 간단했다. 군자(君子)들이 살고 있는 나라니까!

> 공자가 구이의 나라에서 살고 싶어 했다. 그러자 어떤 사람이 말했다. "그쪽은 누추한 곳인데, 어찌 그런 곳에서 살려고 생각하십니까?" 공자가 말했다. "허허! 그곳에는 군자가 살고 있는데, 어찌 누추함이 있겠습니까!"
> 자욕거구이(子欲居九夷), 혹왈(或曰), 루(陋), 여지하(如之何). 자왈(子曰), 군자거지(君子居之), 하루지유(何陋之有)
> - 『論語』「子罕」

　무엇보다도, 그 군자의 나라에는 '무궁화'라는 꽃이 '인간다운 면모', 그 정신을 대변하고 있었다. 동방의 고운 나라! 우리나라다.

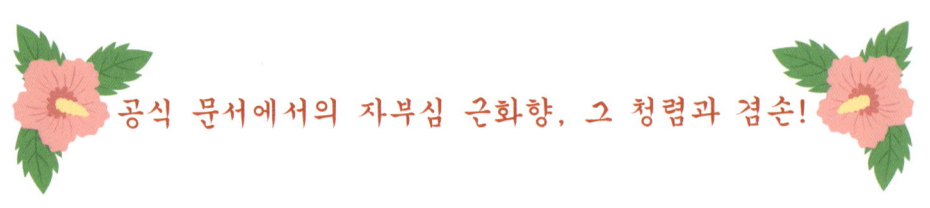

공식 문서에서의 자부심 근화향, 그 청렴과 겸손!

한편, 고대 사회, 우리나라 삼국 및 통일 신라 시대에, 무궁화에 관한 기록을 찾아보기란 쉽지 않다. 하지만 무궁화의 위상을 추측할만한 의미 있는 기록이 있다. 다름 아닌, 당시 명문장가인 최치원의 문집에 글이 남아 있다.

> 무궁화의 나라, 즉 신라는 청렴하며 겸손한 풍습을 지니고 있습니다만 점점 쇠약해지고 있습니다. 반면, 호시국[발해]은 사나우면서 해를 끼치는 습성을 지니고 있는데도 더욱 강성해지고 있습니다!
> 근화향(槿花鄕), 염양자침(廉讓自沈). 호시국(楛矢國), 독통유성(毒痛愈盛)! - 『崔文昌候文集』「謝不許北國居上表」

이 글은 신라의 효공왕이 중국의 당나라 광종에게 보낸 국서(國書)의 내용 가운데 일부이다. 국서는 국가 사이에 교환하는 공식 외교문서이다. 여기에서 발해(渤海) 사람들이 당나라 북방 지역으로 들어가 사는 것을 금지한 것에 대한 감사의 뜻을 담았다. 당시 신라와 발해는,

우리나라 역사에서 이른바 남북국 시대를 형성하면서, 사이가 좋지 않았다. 최치원은 임금의 명령으로 이 국서를 썼다.

외국인 당나라에 보내는 국서에서, 공식적으로 우리나라 신라를 '근화향(槿花鄕)'으로 명기하였다. 이는 무엇을 의미할까? 우리 스스로 '무궁화의 나라'라고 자처했다. 우리나라는 그만큼 무궁화가 많은 나라였고, 무궁화의 자태처럼, 청렴하고 겸손한 풍습을 지닌, 염양(廉讓)의 나라였기 때문에, 그런 긍지를 가지기에 충분했다. 중국 사람들도 옛날부터 우리나라를 가리킬 때, 무궁화나무가 많은 땅이라고 하여, '근역(槿域)'이라고 불렀다.

무궁화는 바로 우리나라 신라의 표상이었다. 신라의 나라꽃이 무궁화였음을 은연중에 자부했던 것이다.

한글 '무궁화'라는 말의 탄생, 목근화(木槿花)!

　한문으로 문자를 표기하던 시기에, 무궁화는 '훈화초(薰華草)' 또는 '근화(槿花)' 등, 몇 가지 이름으로 불렸다. 하지만 세종대왕이 한글을 창제한 이후, 상황이 달라지기 시작했다. 한문으로 표기되던 글과 말이 한글로 바뀌게 된 것이다.

　무궁화! 이 한글로 된 말이, 이제 구체적이고 본격적으로 등장한다.

　조선시대 중종 때, 최세진은 『사성통해(四聲通解)』라는 문자학 서적을 편찬했다. 책의 구성을 보면, 한자에 주(註)를 달고 그것을 정음(正音)과 속음(俗音)으로 나타냈다. 정음은 한자 본래의 올바른 음이고, 속음은 한자의 음을 읽을 때 본래의 음과 달리 일반 사회에서 보통 쓰는 말이다. 예를 들면, 육월(六月)이 정음인데, 속음은 '유월'이다. 곤난(困難)이 정음인데 속음은 '곤란'으로 읽는다. 이처럼 속음은 관용적으로 통용하는 익숙한 소리이다. 『사성통해』에서는 속음을 지금 민간에서 사용하고 있는 소리인 금속음(今俗音)으로 제시하며 더욱 세분화하여 기록했다. 여기에 '무궁화'가 공식적으로 등장한다.

　'근'은 '츤'이다. 지금 민간에서는 일반적으로 '목근화'를

'무궁화'로 부른다!
근(槿), 츤야(櫬也). 금속호목근화(今俗呼木槿花), 무궁화!
- 『四聲通解』上

'목근화'가 '무궁화'로 발음이 바뀌는 과정에 대해서는 여러 가지 속설이 있다. 하나는 중국어 '목근(木槿)'의 옛날 발음인 '묵긴(muk kjən)'이 유입되어, 소리가 조금씩 바뀌면서 '무궁'이 되었고, 거기에 다시 한자 '무궁(無窮)'을 붙였다고 한다. 다른 하나는 어원을 알 수 없는 토박이 말, 즉 옛날부터 민간에서 사용하던 순수한 우리말인 '무우게', '무강', '무구게' 같은 말과 비슷한 소리로 불리면서 '무궁'으로 발음되었다고 한다.

어쨌건 『사성통해』에서는, '목근화를 민간에서 보통 무궁화라고 부른다!'라는 공식기록과 함께 최초의 한글 표현이라는 점을 일러준다. 이제 본격적으로 우리말 '무궁화'가 탄생한 것이다.

무궁화라는 말의 보편화, 우리나라 꽃의 증명!

『사성통해』에서, '목근화는 무궁화이다!'라는 한글 표기 이후, 무궁화는 우리나라 사람들에게 본격적으로 정착되는 듯하다. 무궁화 무궁화 우리나라 꽃!

최세진은 『사성통해』를 저술한 지, 20년쯤 되었을 때, 『훈몽자회(訓蒙字會)』라는, 더욱 풍부한 해설을 붙인 한자 학습서를 저술한다. 여기에서 아예 '무궁화'라는 말이 완전히 확정된다.

'근'은 무궁화 '근'자이다! 세상에서는 일반적으로 '무궁화'라고 부른다. '순'은 무궁화 '순'자이다! 『시경』에서는 '순영'이라고 했다.

근(槿), 무궁화 근! 속호목근화(俗呼木槿花)! 순(蕣), 무궁화 순! 시, 순영(詩, 蕣英).

- 『訓蒙字會』上

이외에 허준의 『동의보감(東醫寶鑑)』「탕액(湯液)」에서도, "목근(木槿)-무궁화"라고 했고, 조선시대 효종의 사위였던 정재륜의 『한거만록(閑居漫錄)』에도 '목근(木槿)'을 세상 사람들이 '무궁화'로 부른다고 했다.

> '목근'은 세상 사람들이 '무궁화'라고 부른다. 『시경』에서 순영' 이라고 이르는 것이다.
> 목근속명무궁화(木槿俗名無窮花), 시소위순영자야(詩所謂蕣英者也).- 『閑居漫錄』

무궁화의 재미난 표현들, 무관화(舞官花) 무궁화(舞宮花)!

조선 후기에 이르면, '무궁화'라는 이름은 더욱 광범위하게, 세상에, 우리나라의 꽃으로 그 이름을 수놓는다.

홍만선이 지은 『산림경제(山林經濟)』에 무궁화는 다음과 같이 기록되어 있다.

목근, 즉 무궁화는 '무관화'이다!
목근(木槿), 무관화(舞官花)! - 『山林經濟』 「卜居」

이후, 류중림의 『증보산림경제(增補山林經濟)』에는 또 다른 표현으로 기록되어 있다.

'근(槿)'이 바로 무궁화이다!
근즉무궁화(槿卽舞宮花)!

『산림경제』와 『증보산림경제』의 표현은, 무궁화라는 언어의 게임을 통해, 재미를 더한다. 일반적으로 사용하는 말과 글이 아니다. 즉

'무궁화(無窮花)'라는 표현이 아니다. '무관화(舞官花)'이고 '무궁화(舞宮花)'이다. 이 무엇을 의미할까? 단순히 소리글자인 한글의 발음 문제일까? 아니면 뜻글자인 한자의 의미 문제일까? 참으로 겸허한 오묘이다!

'무궁화(無窮花)'를 기준으로 볼 때, '무관화(舞官花)'는 한글과 한자가 모두 다르다. '무(無)'가 '무(舞)'로 되어 있고, '궁(窮)'이 '관(官)'으로 되어 있다. '무궁화(舞宮花)'는 한글로는 소리가 같으나 한자가 다르다. '무(無)'가 '무(舞)'로 되어 있고, '궁(窮)'이 '궁(宮)'으로 되어 있다.

무(無)가 무(舞)로 되어 있는 것은, 앞에서도 언급했듯이, 문자의 형성 과정에서 동일한 글자로 이해할 수 있기에 충분히 수긍이 간다. 그런데 '궁(窮)'은 왜 '관(官)'과 궁(宮)으로 썼을까? 참으로 알 수 없는 노릇이다. 무궁화가 아침에 피었다 저녁에 수그러들고, 다시, 또 다시, 그것을 100일 이상이나 반복하는 것처럼!

무관화(舞官花)의 '관(官)'

이 '무궁화(舞宮花)'의 '궁(宮)'으로 바뀐 것도 이해할 만하다. '관(官)'과 '궁(宮)'이 글자 모양이 비슷하므로 잘못 표기했을 수도 있다. 아니면 『산림경제』가 저술된 후, 50년 후에 『증보산림경제』가 지어졌으므로, 그 사이에 언어의 변천이 일어나서, '관(官)'이 '궁(宮)'자로 대체되어 쓰였을 수도 있다. 어느 것도 학술적으로 구명하기에는 한계가 있다.

하지만, 무궁화에 담긴 철학! '신의 혼, 우주의 향기, 대한민국의 생명 정신'이라는 차원에서, 상상력을 발동하여, 이런 의미를 부여하면 어떨까? 앞에서 언급했던 문자적 의미를 상기해 보자!

무궁(無窮)에서 '무(無)'는 본래 제사장, 즉 지도자가 '춤추다'라는 '무(舞)'와 같은 말이었다. 나중에 '없다'라는 뜻으로 쓰이게 되었다. '궁(窮)'은 집 면(宀)자 아래에 사람 인(人)자가 있고, 그 아래에 또 등뼈 려(呂)자가 결합한 형태이다. 거기에서 '다하다' '가난하고 어렵다' '끝에 도달하다'라는 뜻이 나왔다.

그렇다면 무궁은 '다함이 없다! 가난하고 어려운 상황을 춤을 추듯이 흩트려 없애 나가다! 끝이라는 지경에 도달함이 없다!' 정도의 뜻이 된다. 그것은 어쩌면 삶의 끝에서 새롭게 시작하는 '창조의 빛'을 드러내려는 의도를 담은 것이 아닐까?

궁(窮)을 관(官)이나 궁(宮)으로 이해했다면, 공무를 집행하는 공간인 관이나 궁의 업무와 연결시켜, 사람을 잘 살게 만드는 '무한 복지'를 뜻하기 위한 것은 아니었을까?

무궁화! 그것이 피고 지고, 또 피고 지면서, '창조의 빛'과 '무한 복지'의 생명력을 담고 있다면, 우리나라의 꽃으로서 더욱 보배롭지 않겠는가! 끈기와 불굴의 정신, 그리고 희망 그 자체로서 생명력을 지닌, 삶의 열정!

실용의 과학, 무궁화의 생명력!

조선 후기에 이르면, 사람들을 보다 잘 살게 만들기 위한 '실용적인 농업 정책'이 대두한다. 그 가운데 '종예(種藝)'가 적극적으로 권장되었다. 종예는 온갖 식물을 심어서 기르는 작업을 말한다. 아마도 이때부터 무궁화가 전국적으로 보급되지 않았을까? 조심스럽게 가늠해 본다.

조선 순조 때 서유구는 농업과 관련한 백과사전인 『임원경제지(林園經濟志)』를 저술했다. 여기에는 무궁화의 생물학적 특성을 자세히 묘사하여, 사람들에게 안내하려는 정성이 깃들어 있다.

> 무궁화는 잘라 심어도 살아나고, 거꾸로 심어도 살아나며, 눕혀 심어도 살아난다. 잘 살아나는 나무로는 이보다 생명력이 강한 것도 없다. 음력 2~3월에 새싹이 처음 나올 때, 1~2자로 길게 잘라 목련과 같은 방법으로 꺾꽂이를 하면 살아난다. 꺾꽂이로 울타리를 만들려고 하면, 반드시 하나로 이어지게 간격을 두고 꺾꽂이해야 한다. 심는 곳이 좁으면, 서로 붙어 있지 않게 만들어야 돌보기가 편하다. - 『林園經濟志』「種藝」

또 철종 때 정윤용이 지은 『자류주석(字類註釋)』에서는 한자에 한글로 음을 달고 풀이하면서, 무궁화와 관련한 다양한 글자를 기록해 놓았다.

한자 '근(槿)'은 한글로 무궁화 '근'자이다. 무궁화는 아침에 꽃이 피어 저녁에 진다! 또한 먹을 수 있다. 흰 꽃을 '단'이라 하고, 붉은 꽃을 '츤'이라 한다. 즉 순과 순이다. 한자 '순(蕣)'은 한글로 무궁화 '순'자이다. '순(橓)'과 같은 글자이다. 한자 '츤

(蕣)'은 한글로 무궁화 '츤'자이다. 목근(木槿), 즉 무궁화이다. 한자 '단(蕣)'은 한글로 무궁화 '단'자이다. 근야(槿也), 즉 무궁화이다.
근(槿), 무궁화 근. 목근(木槿), 조화모락(朝華暮落)! 역가식(亦可食). 백왈단(白曰椴), 적왈츤(赤曰櫬). 슌슌(蕣舜). 슌(蕣), 무궁화 슌. 슌동(橓仝). 츤(蕣), 무궁화 츤. 목근(木槿). 단(┌), 무궁화 단. 근야(槿也). - 『字類註釋』 「草木類」

위의 두 기록은 중요한 정보를 일러준다. 첫째는 무궁화를 '꺾꽂이'하여 번식할 수 있다는 점이고, 둘째는 어떻게 꺾꽂이 하여 심어도 살아나는 '강력한 생명력'을 지녔다는 점이다. 셋째는 '울타리 꽃'으로 사용할 수 있다는 언급이다. 울타리 꽃은 '번리초(藩籬草)'라고 하는데, 고대 중국에서도 정원의 관상수로 울타리 주변에 심었다고 한다. 넷째는 '식용'으로 사용할 수 있는 꽃이라는 점이다. 다섯째는 '색상'에 따라 다양하게 불리고 있다는 점이고, 마지막으로 종류에 따라 '표현 방식'이 여러 가지라는 사실이다.

이렇게 무궁화에 대해 구체적으로 묘사하고 있는 것으로 볼 때, 조선 초기에는 비록 조선 왕조의 상징인 '이화(李花)', 즉 '자두나무 꽃'이 나라꽃의 중심이었으나, 조선 말기에는 무궁화가 전국 방방곡곡으로 퍼져 나가면서, 명실 공히 나라꽃으로 부각되었을 것으로 추측된다.

임금이 내려주는 꽃, 어사화(御賜花)!

옛날에는 나라의 인재를 등용할 때 과거(科擧) 시험을 보았다. 이 시험에 합격한 선비들을 '급제자(及第者)'라고 한다. 급제자에게는 '유가(遊街)'의 영광이 주어졌다. 유가는 머리에 꽃을 꽂고, 일산을 받으며, 풍악을 울리면서 거리를 행진하는 축하행사다. 여기에 무궁화가 등장한다.

임금은 과거 급제자에게 종이로 만든 무궁화를 내려 준다. 그것이 바로 유가 때 머리에 꽂는 꽃이다. 이 꽃은 '임금이 내려준 꽃'이라는 의미의 '어사화(御賜花)'라고도 하고, 임금에게 은혜를 입은 꽃이라는 의미에서 '은화(恩花)'라고도 한다.

어사화는 길이가 90㎝ 정도의 대나무에 푸른 종이를 감고, 다홍색·보라색·노

란색의 세 송이 무궁화 종이꽃을 달아서 모자 뒤쪽에 꽂는 장식이다.

이 외에도 어사화가 많다. 그 가운데 '진찬(進饌)'에 사용하는 꽃인 어사화가 잘 알려져 있다. 진찬은 임금에게 좋은 음식을 바치며 잔치를 여는 일이다. 진찬을 베풀 때는 임금이 내린 꽃인 어사화를 신하들이 모자에 꽂았다. 이를 '모화(帽花)', 또는 '사회(賜花)'라 한다. 이때 모자에 꽂는 어사화도 무궁화였다.

무궁화가 어사화로 사용되면서, 더욱 각별한 의미가 스며든다. 임금과 백성 모두가 무궁하게 번영하고, 강인하게 발전하기를 기원하는 뜻이 담긴다. 확대 해석하면, 모든 사람들의 무궁한 삶! 그 만수무강을 빌고, 나라 사랑과 조국에 대한 책무를 갖자! 그것은 불의와 타협하지 않는 충실과 끈기, 즉 불굴의 정신을 갖추는 일. 정직을 국가에 맹세하는 민주 시민으로서의 소명에 다름 아니다. 이렇게 무궁화는 나라 사랑의 최고 미학(美學)의 주체로 우뚝 선다.

울타리를 장식한 꽃, 번리초(藩籬草)!

 울타리는 집의 정원 주위에 배치하여 생활을 보호하는 기능을 한다. 그것은 전통적으로 임금이 사는 대궐이 아니라, 그 밖이나 서민들이 사는 집 주변에 둘러친다. 임금이 사는 대궐이나 중심부에서 볼 때, 크게 관심을 두지 않는, 이른 바 '관심 밖'이라는 의미가 부여되어, 어쩌면 소홀히 다루던 것이다. '아웃사이더(Outsider)'의 울타리에 조용히 피어나는, 겸손의 꽃!

 아웃사이더는 문자 그대로, 엄밀하게 말하면, 주류가 아니다. 중심

이 아니다. 외부인이다. 그 반대말인 '인사이더(Insider)', 즉 주류 집단의 일원이 아니지만, 억지로 거기에 소속하려고 발버둥치지도 않는다. 그렇다고 해서 반드시 그 세력이 약한 것은 결코 아니다. 무궁화는 울타리 꽃으로서 그 어떤 인사이더를 치장하는 꽃보다 강력한 생명력을 발동한다.

울타리는 서민들의 삶에 활력을 돋아주는 매우 소중한 공간이다. 그것은 아웃사이더의 자부심이다. 옛날부터 중국과 한국에서, 그 공간을 세심하게 가꾸었던 꽃이 다름 아닌 무궁화이다. 아래 아웃사이더들의 기록들이, 울타리 꽃으로서 무궁화가 얼마나 향기롭고 아름다운 존재인지를 일러준다.

> 중국의 남쪽지방 사람들은 무궁화를 울타리로 심는다. 또한 그 이름을 '번리초'라고 한다.
> 남인이식리(南人以植籬), 역명번리초(亦名藩籬草). - 『正字通』

> 중국 호남과 호북 지방의 서민들 집에는 무궁화를 울타리로 많이 심는다.
> 호남북인가(湖南北人家), 다종식위리장(多種植爲籬障).
> - 『本草綱目』「木槿」

> 무궁화를 꺾꽂이하여 울타리에 심었더니, 무더기로 자라 작은

연못을 덮는구나!
삽근작번리(「僅作藩籬), 총생이소지(叢生覆小池)! - 韓偓
「木槿詩」

무궁화 울타리 백 가지 꽃 피어나네!
근리생백화(槿籬生百花)! - 唐 于鵠

울타리엔 향기로운 무궁화를 심고, 대문가엔 긴 가지 수양버들이 너울거린다!

리삽방근(籬揷芳槿) 문불장양(門拂長楊)! - 古文

무궁화 울타리 밑, 우거진 가을 풀!
근화리하접추초(槿花籬下占秋草)! - 『文明本的用集』

이와 같이 다양한 언표들은 무궁화의 아름다움은 물론 그 강한 번식력을 예찬한다. 아웃사이더들이 그렇다. 인사이더의 온실 화분 같은 나약함을 걷어내고, 그들의 악착같은 끈기가 향기를 잃지 않고 울타리 꽃으로 거듭난다. 중심부에서 밀려났을지라도, 진짜 사람, 그 서민들 속으로 파고들며, 인사이더들을 능가하는 생명력과 희망의 불꽃을 일군다. 따스한 보금자리를 감싸주는 울타리 꽃으로!

5부
무궁화 '안동'

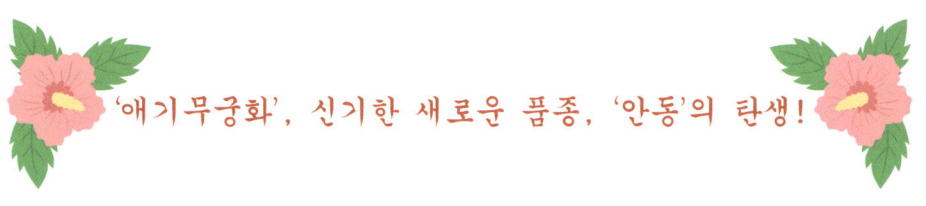

'애기무궁화', 신기한 새로운 품종, '안동'의 탄생!

  1992년 9월, 원광대 임경빈 교수와 이화여대 이영노 교수는 경북 안동의 예안향교(禮安鄕校) 뜰에서, 지금까지 어느 곳에서도 보지 못했던, 신기한 무궁화의 새로운 품종을 발견하였다.

  향교 뜰에 선 나무는, 굵은 줄기 하나에, 크기도 1~2m정도로 높지 않았다. 그리고 줄기 끝 부분에 떨기처럼 모여서 난 곁가지들이 기이하게 꼬여 있었다. 무엇보다도 무궁화 꽃 모양이 특이했다. 꽃의 직경

이 3~5㎝ 정도였고, 꽃잎의 모양이 약간 길게 삐뚜러져, 바퀴가 도는 듯이 회전하는 모습으로, 독특한 자신의 정체성을 드러냈다. 확실히 일반적인 무궁화와 크게 구별이 되는 형태였다.

꽃 모양이 '아기처럼 작고 예쁘다!'라고 하여, 이 무궁화를 우리말 이름으로 '애기무궁화'라 하였다. 학명(學名)은 'Hibiscus syriacus

var. micranthus Y.N.Lee & K.B.Yim'이다.

 1999년 7월 19일, 새천년을 몇 달 앞둔 시점, 한국무궁화연구회 품종명명위원회에서는 예안향교의 100년생 재래무궁화를 '안동(安東)'으로 명명하였다. 무궁화 '안동'의 탄생이었다.

 '안동'은 왜성형(矮性型: dwarf type)의 토종으로 마디가 짧고, 다른 무궁화에 비해 나서 자라는 속도가 느리고 크기도 작다. 우리나라 무궁화 재래종 가운데 유일하게, '백색단심(白色丹心)'계의 꽃잎에서 가장 작은 꽃송이를 지니고 있다.

향교 뜰에 심어진 역사, 선비정신!

　향교(鄕校)는 조선시대에 각 지방에 설치한 교육기관이다. 개인이 세운 사립(私立)이 아니라 나라에서 세운 국립(國立)이다. 향교는 학교교육기관으로서의 역할뿐만 아니라 그 지역의 도덕과 예의 등 지방의 특색에 기초한 풍습을 만드는 사회교육기관으로서 책무성도 갖고 있었다. 지방의 풍습을 세우는 일은, 향교를 중심으로 활동하던 선비들에겐, 지방의 문화를 지도하고 향상시키려는 강력한 사명이었다.

　선비는 일반적으로 '유교(儒敎)의 인문학적 소양을 갖춘 조선 사회의 지식인상(像)'을 말한다. 선비는 참된 자아를 인간의 도덕적 본질에서 찾고, 그 실현을 평생의 과제로 여기는 사람들이다. 유교에서 그토록 강조하는 '위기지학(爲己之學)'의 구현!

　그러기에 선비들은 형이상학적 고고함이나 현학적인 것이 아닌, 사람들이 발 딛고 있는 현실에서 진리를 찾는다. 그들이 현실에서 찾는 진리는 어려운 문자 속에 갇혀 있는 고답적 원리가 아니다. 사람들이 일상에서 추구하고 행해야 할 사람됨과 사람다움의 길이고 삶의 이치이다. 이른바 '인의예지신(仁義禮智信)'의 '사랑'과 '정의'와 '예의'와 '지성'과 '믿음'! 그것의 현실적 구현을 목숨처럼 여기는 사람들! 우리의 선조, 선비들은 그랬다.

그런데, 무궁화 '안동'이, 왜, 예안향교의 뜰에 심어졌을까? 선비들은 당시 현실에서 무엇을 찾아 나섰을까? 무궁화 '안동'의 정신은 100여 년 전, 안동 지역의 선비들이 빚어낸 역사를 품고 있다.

5부 무궁화 '안동'   97

조선 민족정신의 산실, 무궁화!

무궁화 '안동'이 향교의 뜰에 심어지기 전후, 조선 사회는 격동(激動)의 시기였다. 1894년의 갑오변란(甲午變亂) 이후, 1895년 을미사변(乙未事變), 1905년 을사늑약(乙巳勒約), 1910년 한일합방(韓日合邦), 1919년 3.1만세운동, 그리고 1945년 광복을 맞이할 때까지, 선비들의 울분(鬱憤)이 전국 곳곳에서 터져 나왔다. 그것은 위정척사(衛正斥邪)와 의병(義兵)투쟁, 독립운동으로 거침없이 확대되어, 나라사랑으로 이어졌다. 그 나라사랑의 구심점에서 무궁화는 늘 태극기와 함께 자리했다.

그런 조짐은 1899년 6월 29일, 「독립신문」에 <무궁화 노래>가 발표된 사실에서도 알 수 있다.

성자신손 5백년은 우리 황실이요, 산고수려 동반도는 우리 본
국일세
애국하는 열심의기 북악같이 높고, 충군하는 일편단심 동해같
이 깊어
…… (후렴) 무궁화 삼천리 화려강산, 대한사람 대한으로 길
이 보전하세.- 「독립신문」(1899.6.29.)

1900년 4월에는 대한제국의 문관 예복에 '무궁화 문양'을 삽입했고, 1919년 3.1독립운동 이후에는 무궁화가 곳곳에서 민족독립과 국권회복의 상징처럼 사용되었다. 1930년대에 이르러, 일본제국주의는

『고등경찰청용어사전』에서 '무궁화'라는 말이 들어가는 용어들, 예를 들면, '무궁화 강산', '무궁화 동산', '근화(槿花)', '근역(槿域)' 등, 한글이건 한자건 관계없이, 모두 불온한 언어로 취급하였다. 그것은 일본 제국주의가 조선의 민족정신이 무궁화로 상징된다고 보고, 탄압을 가하려는 장면을 보여준다.

무궁화! 무궁화라. 이제 바야흐로, 무궁화는 조선 민족정신의 산실이 되었다. 그렇게 무궁화는 일본 제국주의를 무너뜨리는 선봉장 역할을 하며, 구국과 독립, 정의를 일깨우는, 희망의 무대로 세상에 나섰다.

한서 남궁 억의 구국 의지, 무궁화 교육!

조선 민족은 1910년, 일본제국주의에 주권을 빼앗겼다. 이후, 35년의 식민통치에 시달리며, 민족정신을 말살 당했다. 이 시기 무궁화와 무궁화 정신을 강조하며 교육에 투신한 선각자가 있었다. 바로 한서(翰西) 남궁 억(南宮 檍) 선생이다. 한서는 무엇보다도 무궁화를 민족

의 상징으로 생각했다. 그리하여 청년들에게 무궁화 정신을 가르치고, 직접 무궁화를 가꾸어 보급하며, 민족정신과 구국의지를 북돋았다.

1914년, 배화학당에 재직할 때, 한서는 <무궁화 삼천리>라는 수본(繡本)을 고안하고, 무궁화 노래를 부르도록 하며 민족정신을 가르쳤다. 수본은 수(繡)를 놓기 위해 종이나 헝겊에 그려놓은 바탕을 말한다. <무궁화 산천리>는 한반도 모양의 무궁화 가지에 조선 13도를 상징하는 13송이의 무궁화를 수놓은 교육용 도구였다. 수를 놓으며 민족과 역사를 생각하도록 만들었다.

무궁화 예찬

- 남궁 억

금수 강산 삼천리에, 각색 초목 번성하다.
춘하추동 우로상설, 성장 성숙 차례로다.

초목 중의 각기 자랑, 여러 물로 지껄린다.
복사 오얏 변화해도, 편시춘이 네 아닌가.

더군다나 버찌꽃은, 산과 들에 번화해도
열흘 안에 다지고서, 열매조차 희소하다

울밑 황국 자랑 소리, 서리 속에 꽃 핀다고
그러하나 열매 있나, 뿌리로만 싹이 난다.

특별하다 무궁화는, 자랑할 말 하도 많다.
여름 가을 지나도록, 무궁 무진 꽃이 핀다.

그 씨 번식하는 것, 씨 심어서 될뿐더러
접붙여서 살 수 있고, 꺾꽂이도 성하도다.

오늘 조선 삼천리에, 이꽃 희소 탄식 마세
영원 번창 우리 꽃은, 삼천리에 무궁하다.

1925년 무렵, 한서는 고향인 강원도에 설립한 모곡학교(牟谷學校)에 교장으로 재직하며, 직접 무궁화를 재배하여 각 지방으로 보내는 실업교육에 돌입한다. 실업교육은 농촌의 청소년들에게 실제적인 농

촌생활을 체득시켜 주기 위한, 일종의 현장 실습이었다. 그것은 주로 묘포(苗圃), 즉 '모종을 기르는 밭'에서 이루어졌다. 당시 묘포에는 뽕나무와 무궁화가 심어져 있었다. 그런데 뽕나무는 어린 묘목일 때에 그 모양이 무궁화와 비슷했다. 학교에서는 재정을 보충한다는 이유를

내세워 뽕나무 묘포를 만들었다. 그리고는 뽕나무 대신 무궁화를 심었다. 뽕나무 묘포로 위장하여, 해마다 수만 주의 무궁화 묘목을 가꾸어 각 지방의 사립학교와 교회 및 사회단체에 보냈다. 전국적으로 무궁화를 보급하며 구국 운동을 전개한 것이다.

이러한 그의 구국 활동은, 무궁화가 우리나라의 나라 꽃, 즉 '국화(國化)'라는 자부심, 민족정신을 담고 있는 꽃이라는 사명감의 발로였다. 무궁화가 계속 피어나는 것처럼, 조선의 역사도 영원할 것을 역설하였다. 그것이 무궁화의 꽃말인 '영원, 끈기, 불굴의 정신, 희망' 등으로 표출된다.

예안향교, 희귀토종 애기무궁화!

무궁화 '안동', 즉 '애기무궁화'의 최초 모습을 찾기란 쉽지 않다. 누가, 언제, 왜 심었는지, 명확하게 알 수는 없다. 다만, 여러 자료를 통해, 추정할 뿐이다. 1992년 발견 당시, 수령이 80~100년이 된 노거수(老居樹)였다고 하니, 100년 정도 된 토종(土種) 한국 무궁화임에는 틀림없다.

다시, 추정해 보건대, 국권이 침탈되던 시기인, 1890년대에서 1920

년대 식수(植樹)된 것으로 보인다. 그런데 왜 하필이면, 향교의 강학(講學) 공간인 명륜당(明倫堂) 앞뜰 중앙에 심었을까? 향교에는 은행나무를 심은 경우가 많은데 말이다. 그것도 뜰에 있는 유일한 나무가 아닌가! 도대체, 식수 당시, 현실에서는 무엇을 말했으며, 후세에 무엇을 전해주려고 했던가?

또 하나, 향교에 심었다면, 당시 향교를 출입하던 어떤 선비가 심었으리라! 왜? 그 암울한 시대 상황을 놓고, 무궁화를 선택했을까? 어떤 가정을 선택하더라도, 그것은 100여 년 전, 예안향교의 영향력 안에 있던 안동 지역의 역사적 상황 속에서 이해해야만 한다.

이 말은 '애기무궁화'가 안동지역 역사의식의 상징이라는 의미이다. 즉 무궁화 '안동'은 안동의 정신이다. 무궁화 '안동'은 안동의 교육이다. 무궁화 '안동'은 안동 선비의 징표이다.

안동 선비의 저항, 3.1운동 전후의 구국 투쟁!

안동의 예안 지역에서 만세운동이 일어나기 전 어느 날, 향교를 출입하던 유림(儒林)의 지도자들은 구국 투쟁을 굳게 다지며, 향교의 명륜당 앞뜰 가운데, 나무 한 그루를 심었다. 그때는 이름조차 없었다. 그저 일상적으로 늘 함께하던 무궁화였다. 우리나라 꽃 무궁화! 선비들은, 조상 대대로 오래전부터, 그 무궁화의 자태를 보아왔을 것이다. 아주 작지만, 그 어떤 무궁화보다도 활짝 피고, 36시간을 지속하며 밤

에도 계속 피어 있는 저 강인한 생명력!

선비들은 직관했으리라! 이런 모습이 우리 안동 예안의 혼이다! 조선 민족의 정신이다. 저 무궁화의 기상으로, 침탈당한 주권을 회복하자! 나라를 되찾자! 향기 가득한 우리 강산을 다시, 더욱 아름답고 멋지게 만들어, 후세에도 길이 보전하자! 그 길은 무궁화의 삶처럼, 우리들의 의지를 현실의 표상으로 만드는 대사업이다.

1895년 전후, 예안의 선비들은 의병을 일으켰고, 일본군과 전투를 벌였다. 각종 학교와 교육회를 만들어 애국계몽운동에도 앞장섰다. 때로는 스스로 목숨을 끊으며 순국으로 저항했다. 광복을 위한 군자금을 모집하고, 각종 사립학교를 설립하며 교육운동을 벌였다.

아침에 피고 저녁에 오므라드는, 다시 또 그렇게 피고 지는 무궁화처럼, 그 시위와 구국 투쟁은, 무궁화 중심부의 붉은 색을 안고, 불처럼 타올랐다.

병산서원 입교당, 그 뜰에서 퍼지는 충정의 향기!

　서원(書院)에서 공부하던 선비들도, 함께 저항의 불길을 지폈다. 서원(書院)은 조선 시대에 유교의 현인(賢人)을 모시고 사당에 제사 지내며, 인재를 양성하던 사립교육기관이다. 그러므로 국립인 향교가 공자(孔子)를 모시고 문묘(文廟)에 제사 지내며, 인재를 양성하던 것과는 다른 차원의 특성을 지니고 있었다. 모시고 있는 현인들의 인품이나 덕망에 따라, 지향하는 바가 조금씩 달랐다. 향교를 지방의 국립대학에 비유한다면 서원은 지방의 사립대학이었다. 그만큼, 조선시대 유

학의 도리와 실천에 충실했고, 이른 바 '사림(士林)'으로 상징되던 선비 집단의 거점이기도 했다.

특히, 서애 류성룡 선생을 모신 병산서원의 입교당(立敎堂) 앞뜰에는 100년쯤 된 무궁화 한 그루가 서 있다. 이 무궁화에 얽힌 사연도, 예안향교의 명륜당 앞뜰에 있던 무궁화와 유사한 것으로 전해온다. 그러기에 이 나무 또한, 누가, 언제, 왜 심었는지, 정확하게 알 수는 없다. 나무의 수령이나 여러 가지 정황으로 볼 때, 100여 년 전, 국권회복을 위한 독립투쟁의 과정에서, 선비들의 의기(義氣)를 모은 출정식의 징표이다.

병산서원의 이 무궁화와 직접 연관이 있는지 확인할 수는 없으나, 나무가 심어진 시기가 비슷하다는 점에서, 서애 선생의 10대손으로서

이 지역의 큰 선비였던 류도발(柳道發) 선생의 충정(忠情)을 되새겨 볼 필요가 있다. 당시, 류도발 선생은 고향 풍산에서 학문에 정진하고 있었다. 그런데 1910년 8월 29일, 국권을 일본 제국주의에 빼앗기는, 이른바 경술국치(庚戌國恥)를 당하자, 두 달 후에 자정순국(自靖殉國)했다.

11월 11일, 식음을 전폐하고 단식 투쟁에 돌입하여, 17일 만에 스스로 죽음을 맞이했다. 선생은 단식하는 동안에도 "나라의 종묘(宗廟)가 훼철되었는데, 사묘(祠廟)를 옛날대로 봉안하는 것이 마음 편한 일인가! 절대 아니다. 진작 신주(神主)를 묻어 광복(光復)이 되는 날을 기다리는 것이 옳다!"라고 심경을 토로했다.

그리고 울분을 참지 못하고 「자탄(自嘆)」, 즉 '스스로 탄식하다!'라는 의미의 유서를 남겼다.

> 이 세상에 태어나, 나만큼 재주와 지혜가 없는 사람도 없지만, 이런 형국에서, 내 차마 우리나라의 아름다운 모습과 다른 저 추악한 일제의 나라를 볼 수 있겠는가! 풍하(楓霞)의 이령(二令) 이면주 선생이 1910년 10월 10일에 나보다 앞서 서거하셨는데, 같은 때에 따라가지 못한 것이 너무나 한스럽구나!

병산서원 입교당 앞뜰에 당당하게 서 있는 저 무궁화! 이 단식 투쟁의 직전에, 혹은 투쟁의 와중에, 유서를 쓰기 전후, 류도발 선생이 서애 선생을 모신 병산서원을 찾아 존덕사(尊德祠)에 참배한 후, 목숨을 내놓는 결연한 의지를 담고, 후손들에게도 길이 그 정신을 전하려는 선비의 얼을 불어넣으며, 심은 무궁화는 아닐까? 마치, 이런 추측성 정황(情況)을 뒷받침이라도 하듯이, 선생이 세상을 떠나자, 장규섭이

라는 분이 만사(輓詞)를 보내왔다. 거기에는 민족의 정신을 담은 무궁화가 꿋꿋하게 선생의 의기를 기리고 있었다.

무궁화 꽃 날리는 우리나라에서,
어찌 잡스러운 왜놈들과 함께 살겠는가!
한 조각 붉은 마음으로 나라 은혜 보답하니,
지하에서 서애 선생을 배알해도 부끄럽지 않으리라!
근화비도대양동(槿花飛渡大洋東),
긍잡치곤식식동(肯雜緇髡食息同)!
일편단심귀보국(一片丹心歸保國),
구원무괴배문충(九原無愧拜文忠)! - 『晦隱遺稿』

나중에 확인해 본, 선생의 유언은 너무나 간단했다. 명정(銘旌)에 한 구절 남겨 달라!

대한처사(大韓處士)!

영원히 대한의 선비로 남고 싶은 선생의 마음이, 세상을 떠난 뒤에도 따스한 기운으로 남았다. 시골의 궁벽한 땅, 그 초야(草野)에 묻혀, 어떤 벼슬도 없이 조용히 살다가, 선비의 일생을 다한 정신! 그 가운데, 우리나라 꽃 무궁화가 자리한다.

3.1운동의 함성, 한 가운데로 들어간 무궁화!

'애기무궁화', 무궁화 '안동'을 낳은 선비들의 독립투쟁은 상상 이상의 항쟁으로 타올랐다. 예안향교를 중심으로 하는 예안 지역의 3.1운동은 안동 전역의 군민이 참여한 항일투쟁이었다. 투쟁의 양상은 확실히, 애기무궁화의 속성을 닮았다. 일반 무궁화에 비해 나무도 꽃도 모두, 그 크기가 작지만, 가지들이 떨기로 어울려 있고, 꽃 피는 시간이 길며, 심지어는 밤까지도 피어 있다. 그러기에 안동지역 3.1 운동

의 특성을 다음과 같이 정리하기도 한다.

첫째, 유림의 선비들과 기독교의 신앙인들이 연합하여 시위를 벌였다.

둘째, 공공 기관인 면사무소나 주재소를 습격하여 파괴할 정도로 시위가 매우 강인한 성격을 띠었다.

'연합'하여 어울리고, '강인'하게 지속하는, 항쟁의 불길! 당연하다. 그것이 애기무궁화 정신이다. 나아가 민족의 넋이다. 어사화와 울타리 꽃으로 사용되듯이, 무궁화는 함께 어울리고 영원을 지향한다.

애기무궁화! 그것은 예안향교 명륜당 앞뜰에 심어지면서, 시대를 선도하는 신의 혼이 담겼다. 그리고 우주의 향기를 드날리기 시작했다. '애기무궁화', 무궁화 '안동'으로 명명되면서, 대한민국의 생명정신이 재발견 되었고, 새로운 희망을 쏘아 올린다.

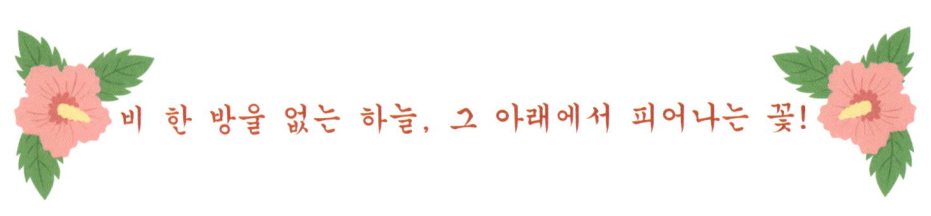
비 한 방울 없는 하늘, 그 아래에서 피어나는 꽃!

저항과 항거는 조용히 숨어들었다. 무궁화 '안동'도 그렇게 내면으로 파고 들었을까? 독립과 저항의 민족시인 육사는 '꽃'을 노래했다. 오히려 빨갛게 피어난 꽃! 쉼 없는 날, 그 영원의 혼을 싹틔우며.

꽃

                                        - 이육사

동방은 하늘도 다 끝나고
비 한 방울 내리지 않는 그 때에도
오히려 꽃은 빨갛게 피지 않는가!
내 목숨을 꾸며 쉼 없는 날이여!

북쪽 툰드라에도 찬 새벽은
눈 속 깊은 곳에서 꽃망울이 움찔거려
제비 떼 까맣게 날아오길 기다리니

마침내 저버리지 못할 약속이여!

한 바다 복판 용솟음치는 곳
바람결 따라 타오르는 꽃 성(城)에는
나비처럼 취(醉)하는 회상의 무리들아
오늘 내 여기서 너를 불러 보노라!

참 예쁘고 고운, 우리나라 꽃!

　'애기무궁화'가 어른이 되었는가! 무궁화 '안동'이 한국의 대표 무궁화로 자라고 있는가! 그 어디에도 없는, 선비의 꽃! 의병의 꽃! 독립의 꽃! 참 예쁘고 고운 꽃! 이제는 혼과 눈물, 정성과 정신, 모진 풍파를 극복한 대한민국의 꽃! 그 예찬의 노래, 온 누리에 향기 가득하다.
　3.1운동 100주년을 기념하여, 무궁화 '안동'은, 그 희귀성을 깨닫기라도 하듯, '안동무궁화보존회'를 창립하게 만든다. 그 자리에서 안동 무궁화는 다시 노래로 재탄생한다.

심재경은 「안동무궁화」라는 제목의 노래를 통해 다음과 같이 찬양과 축복을 더했다.

안동 무궁화야 너 참 예쁘구나 …… 안동 무궁화야 너 참 고 웁구나 …… 참 예쁜 꽃 우리나라 꽃 안동 무궁화 …… 혼을 담아 심고 …… 눈물로 가꾸어 온, 우리나라 꽃 안동 무궁화. 지극한 정성으로, 오롯한 정신으로, 모진 풍파를 이겨 오늘에 남아, 이제 다시 삼천 리 강산에 훨훨 피어나거라 ……

참고문헌

『舊約聖書』

『論語』

『東國李相國集』

『東醫寶鑑』

『林園經濟志』

『本草綱目』

『四聲通解』

『山林經濟』

『山海經』

『字類註釋』

『正字通』

『增補山林經濟』

『崔文昌候文集』

『閑居漫錄』

『訓蒙字會』

국립산림과학원.『나라꽃 무궁화 품종도감』. 국립산림과학원, 2014.

김기현.『선비-사유와 삶의 지평』. 민음사, 2009.

김희곤.『안동 사람들의 항일투쟁』. 지식산업사, 2007.

류달영·렴도의.『나라꽃 무궁화』. 학원사, 1987.

무궁화대전편찬위원회.『무궁화대전』(전5권), 용진민족문화연구원, 1993.

신창호.『교육철학 및 교육사』. 박영스토리, 2015.

신창호.『한국교육사의 새로운 인식』. 박영스토리, 2014.

안동시.「안동무궁화 정책토론회 보고서」, 2024. 7. 19.

오동춘.『애국가와 안창호』. 청미디어, 2013.

원색무궁화도감편찬위원회.『원색무궁화도감』. 용진민족문화연구원, 1993.

이봉식.『생명나무 오천년 무궁화 꽃이 피었습니다』. 사색의 나무, 2016.

이장희.『조선시대 선비 연구』. 박영사, 1989.

전국 무궁화 노거수 실태조사단 편.『마라도에서 판문점까지』. 도서출판 대한, 1993.

「미주한국일보」(2024. 8. 16.)

「독립신문」(1899. 6. 29)

무궁화 안동

초판 1쇄 발행 | 2025년 8월 8일

지은이 | 신창호
편 집 | 강완구
디자인 | S-design
펴낸이 | 강완구
펴낸곳 | 써네스트   **브랜드** | 열린세상
출판등록 | 2005년 7월 13일 제2017-000293호
주 소 | 서울시 마포구 양화로 56, 1521호
전 화 | 02-332-9384   **팩 스** | 0303-0006-9384
홈페이지 | www.sunest.co.kr
ISBN 979-11-94166-70-2(03810)

책값은 뒤표지에 있습니다.
잘못된 책은 바꾸어 드립니다.